나는 아직
연습중입니다

김선미 지음

프롤로그
멈추지 않는 한,
배움은 계속된다

나는 골프를 늦게 시작했다.
초등학생 때부터 골프채를 잡고 훈련해 온 후배들을 보며,
때때로 '나는 너무 늦은 게 아닐까?'라는 생각을 한 적도 있었다.

하지만 돌이켜보면, 골프를 늦게 시작했기에
배울 수 있었던 것들이 많았다.
기본을 다지는 과정이 얼마나 중요한지,
급하게 가려고 하면 오히려 더 멀어진다는 것을,
그리고 끝까지 가는 힘이야말로 가장 강한 무기라는 것을.

나는 그 누구보다 오랫동안 골프를 배웠다.
그리고 그 배움 덕분에 지금도 필드에 서 있다.

이 책을 쓰게 된 이유

나는 처음부터 특별한 재능이 있었던 선수가 아니었다.
어떤 사람들은 어린 시절부터 엘리트 교육을 받으며
정상에 올랐지만,
나는 단순한 호기심으로 골프를 시작했고,
경험을 쌓아가며 배웠고,
무엇보다도 포기하지 않고 끝까지 걸어왔기에
여기까지 올 수 있었다.

골프를 배우면서, 그리고 가르치면서
나는 늘 같은 질문을 받았다.

"어떻게 그렇게 꾸준히 할 수 있나요?"
"왜 아직도 연습을 하세요?"

이 책을 통해 그 질문에 대한 답을 하고 싶었다.
나는 더 나아지고 싶어서 연습한다.
나는 배움이 끝나지 않았기 때문에 연습한다.

골프가 내게 가르쳐준 것들

오랜 시간 골프를 하면서 자연스럽게 깨닫게 된 것들이 있다.

첫째, 멀리 가려면 천천히 가야 한다.

빠르게 성장하려고 조급해할수록,
더 중요한 것들을 놓치게 된다.
나는 성적이 오르지 않던 시절,
'더 많이, 더 빠르게' 연습하면 해결될 줄 알았다.
하지만 시간이 지나고 보니,
진짜 성장하는 사람들은 방향을 먼저 점검하고,
자신만의 속도로 간다는 것을 깨달았다.

둘째, 실수는 교훈이 된다.
퍼팅 하나가 승패를 가르고,
한순간의 실수가 모든 걸 바꿀 수 있다.
하지만 실수는 받아들일 때 비로소 배움이 된다.
나도 중요한 경기에서 퍼팅을 놓쳐 준우승에 머문 적이 있다.
그 순간은 아쉬웠지만, 나는 그 실수를 통해
더 나은 선수가 될 수 있었다.

셋째, 끝까지 가는 사람이 결국 이긴다.
정규 투어에서 좋은 성적을 내지 못했을 때,
나는 정말 많이 흔들렸다.
하지만 포기하지 않고 끝까지 나아갔기에,
40대 후반에 챔피언스 투어에서
3년 연속 상금왕이 될 수 있었다.
길게 보면, 포기하지 않는 것만큼 강한 무기는 없다.

어떤 이들은 이렇게 묻는다.
"언제까지 골프를 할 건가요?"

나는 대답한다.
"언젠가 마지막 티샷을 하기 전까지."

이 책을 통해,
꾸준함이 어떻게 기회를 만들고,
실수가 어떻게 성장으로 이어지는지,
그리고 끝까지 가는 힘이란 무엇인지 전하고 싶다.

이 책이, 당신이 끝까지 가는 길에 작은 힘이 되길 바란다.

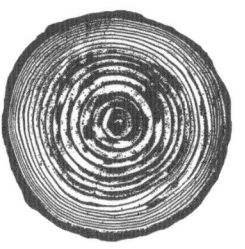

프롤로그 멈추지 않는 한, 배움은 계속된다 6

1장
꾸준한 사람만이 기회를 얻는다

연습은 배신하지 않는다?	19
잘못된 연습은 독이 된다	20
연습만큼 중요한 방향성	22
꾸준한 사람만이 가질 수 있는 것들	24
언제쯤 나도 잘할 수 있을까?	28
기회를 가지는 사람의 특징	30
지금 이 순간이 마지막일 수도 있다	32
어디로 가고 있는지 점검하라	34
멀리 가는 것보다, 제대로 가는 것이 중요하다	36

2장
멘탈이 흔들리지 않는 사람들의 비밀

결국 끝까지 가는 사람이 승리하는 이유	45
포기하는 사람과 끝까지 가는 사람의 차이	46
승부는 퍼팅 하나로 결정된다	50
실수를 인정하는 순간, 다음 샷이 달라진다	52
감각은 하루아침에 만들어지지 않는다	54
유지하지 않으면 사라진다	56
감각은 훈련된 기억이다	57
멘탈은 훈련될 수 있다	59
불안할 때 나를 지켜주는 건 연습뿐이다	61
흔들리지 않는 힘은 어디에서 오는가	63

3장 배움을 멈추지 않는 사람들		
	내가 여전히 레슨을 받는 이유	70
	프로도 배우는데, 아마추어는 왜 안 배울까?	72
	고집을 고수하는 사람들	74
	배운 것을 내 것으로 만드는 법	76
	기본기가 강한 사람이 결국 이긴다	78
	배움에도 타이밍이 있다	80
	실력을 키우는 3가지 방법	82

4장 결국 차이를 만드는 것은 무엇인가		
	1,000번의 스윙이 필요하다	90
	1cm에서 결정되는 차이	92
	완성의 순간은 느껴지는 것이다	94
	몸이 기억할 때까지 멈추지 말 것	96
	중요한 순간, 나를 지켜주는 것은	98
	실력은 하루아침에 만들어지지 않는다	100
	끝까지 버틴 사람만이 볼 수 있는 풍경	102
	포기하지 않는 마음이 만드는 길	104

5장 변화하는 사람만이 성장한다	익숙함이라는 함정에서 벗어나기	110
	잘못된 스윙에 미련을 갖지 마라	112
	한계를 넘어서는 순간이 온다	114
	완성된 스윙이란 없다는 깨달음	116
	변화는 누구에게나 두렵다	118
	작은 변화가 만드는 큰 차이	122
	내 스윙을 의심할 수 있는 용기	124
	변화는 때때로 강제로 찾아온다	126
	변화의 타이밍을 읽는 사람들	128
	같은 곳에서 새로운 길을 찾다	130

6장 실력을 넘어, 내면의 힘을 갖춘 사람들	꾸준히 성장하는 사람들은 무엇이 다른가	138
	결국 마음이 중요해진다	140
	연습이 쌓일수록, 멘탈이 강해진다	142
	목표를 이루는 사람들의 공통적인 습관	144
	성장하는 사람들은 무엇을 포기하는가	147
	불필요한 자존심을 버리는 선택	149
	오래도록 최고로 남는 것	151
	변화 속에서도 중심을 지키는 사람들	154
	진짜 실력은 보이지 않는 곳에서 만들어진다	156

7장	끝까지 가는 사람들의 목표	164
끝까지	오래 가려면, 속도를 조절해야 한다	166
가는	오래 가는 사람들은 멈추지 않는다	168
사람들의	끝까지 가는 사람들의 공통점	170
힘	마지막까지 포기하지 않는 힘	172
	버티는 사람에게 기회가 온다	174
	끝까지 가는 사람은 무엇을 놓치지 않는가	176

에필로그 언젠가 마지막 티샷을 하기 전까지　　184

1장

꾸준한 사람만이
기회를 얻는다

끝까지 가는 사람은,

        걷는 속도부터 다르다.

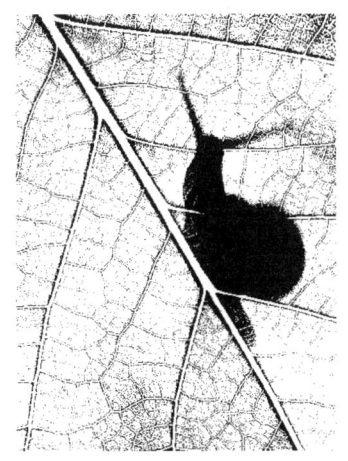

무작정 빠르게 가지 않는다.
천천히, 그러나 단단하게.
그렇게 걸어온 사람만이
끝까지 간다.

연습은 배신하지 않는다?

골프는 정직한 운동이다.
얼마나 연습했는지가 그대로 드러난다. 하지만 많은 사람들이 착각하는 것이 있다.
"연습을 많이 하면 반드시 실력이 는다"라는 말이다.

나는 그 말을 믿지 않는다.
연습이 배신하지 않는 것은 맞다. 하지만 방향이 잘못된 연습은 아무리 해도 실력을 늘려주지 않는다. 오히려 잘못된 습관이 몸에 배어, 나중에는 되돌리기가 더 어려워진다.

나는 30년 동안 골프를 해왔지만, 여전히 레슨을 받는다.
프로가 된 이후에도, 시니어 투어에서 우승을 거둔 이후에도, 나는 더 나은 플레이를 위해 나보다 고수를 찾아가 내 장점을 더 극대화시키고, 단점을 보완하기 위해 배우고 또 배운다.

"이미 잘 치는데 왜 또 배우세요?"라는 질문을 자주 받았다.
그럴 때 나는 이렇게 대답한다.
"계속 나아지기 위해 배우는 것입니다."

잘못된 연습은
독이 된다

과거에 하루 25명의 아마추어 골퍼를 레슨했던 적이 있다.
그때 많은 사람들이 비슷한 고민을 털어놓았다.

"프로님, 저는 연습을 정말 열심히 하는데 실력이 늘지 않아요."
"레슨 없이 혼자 연습해도 괜찮을까요?"

나는 이런 질문을 들을 때마다 되묻곤 했다.
"지금 하고 있는 연습이
정말 올바른 방법인지 확인해보셨나요?"

사람들은 연습을 열심히 하면
당연히 실력이 늘 것이라 생각하지만,
잘못된 자세로 10년을 치면,
그만큼 틀어진 자세가 몸에 배어버린다.
그래서 나는 연습을 할 때마다 늘 점검한다.

내 스윙이 올바른 방향으로 가고 있는지, 제대로 된 연습을 하고 있는지 늘 확인한다.

나는 오랜 시간 골프를 해오면서 수많은 사람들을 봐왔다. 그중에는 단 몇 년 만에 실력을 크게 끌어올린 사람도 있고, 10년 넘게 골프를 치지만 큰 발전이 없는 사람도 있었다.

이 둘의 차이는 단 하나였다.
'올바른 방향으로 연습했는가'

연습만큼 중요한
방향성

골프뿐만 아니라, 인생도 마찬가지다.
아무리 열심히 살아도, 방향이 잘못되면
원하는 곳에 도달할 수 없다.

나는 정규 투어에서 빛을 보지 못했다.
30세에 프로가 되었지만, 성적은 기대만큼 좋지 않았다.
하루에도 수백 번씩 연습 스윙을 했고, 매일 필드에 나갔다.
하지만 방향이 잘못된 상태에서 하는 연습은
오히려 독이 되었다.

그때의 나는 몰랐다.
단순히 시간을 들인다고
무조건 실력이 오르는 건 아니라는 걸 알지 못했다.

나는 골프를 다시 배우는 마음으로 돌아갔다.
기본기를 다시 점검했고, 잘못된 습관을 하나씩 고쳐나갔다.
그리고 40대 후반, 마침내 챔피언스 투어에서
내 기량을 제대로 발휘할 수 있었다.

많이 하는 것보다, 제대로 하는 것이 중요하다.
목표 없이 달리는 마라톤은 결국 지치기 마련이다.
방향이 틀리면, 아무리 열심히 해도
원하는 곳에 도착할 수 없다.
연습은, 무조건 많이 한다고 좋은 것이 아니다.
올바른 방향을 찾고, 그것을 유지하는 것이 더 중요하다.
어떤 연습이든, 제대로 쌓아가야 진짜 실력이 된다.

꾸준한 사람만이
가질 수 있는 것들

골프를 30년 넘게 해오면서, 가장 많이 들은 말이 있다.
"어떻게 그렇게 꾸준히 할 수 있어요?"

이 질문을 받을 때마다 나는 조금 의아하다.
왜냐하면, 나에게 골프는 꾸준하게 해야 하는 게 아니라,
꾸준할 수밖에 없는 것이었기 때문이다.

골프는 하루 이틀 연습한다고 실력이 오르는 운동이 아니다.
처음엔 나도 몰랐다. 하지만 시간이 지나면서 깨달았다.
진짜 실력은 오랜 시간 쌓아온 연습과 경험에서 나온다.

나는 한 번도 큰 슬럼프 없이 여기까지 왔다고 생각한다.
그 이유는 간단하다.

첫째, 목표를 너무 크게 세우지 않았다.
둘째, 매일 할 수 있는 만큼, 꾸준히 했을 뿐이다.

사람들은 빠른 성과를 원하지만, 골프는 그런 스포츠가 아니다.
어제의 실수가 오늘 반복될 수도 있고,
오늘 배운 것이 내일 사라질 수도 있다.
그럼에도 불구하고 꾸준히 연습하는 사람만이
결국 원하는 곳에 도달할 수 있다.

변화를 두려워하지 말고,
익숙함을 의심하라.

실력을 가로막는 건 실수가 아니라
익숙함이다.

익숙한 방식을 내려놓는 용기에서
변화는 시작된다.

언제쯤 나도
잘할 수 있을까?

프로가 된 이후 단 한 번도
3일 이상 골프채를 놓아본 적이 없다.
그만큼 꾸준히 연습했고,
매일 골프를 내 삶의 일부로 만들었다.

예전에 하루 25명씩 레슨을 하면서도,
틈이 날 때마다 연습장에 가서 스윙을 점검했다.
몸이 피곤할 때도, 컨디션이 좋지 않을 때도,
나는 연습을 멈추지 않았다.

신기한 건,
꾸준히 하다 보면 실력은 자연스럽게 따라온다는 점이다.
많은 사람들이 연습을 하면서
"언제쯤 잘할 수 있을까?"라고 고민한다.
하지만 정작 중요한 것은,

잘하려고 하는 것이 아니라, 멈추지 않는 것이다.
주위를 보면, 골프뿐만 아니라
각자의 분야에서 성공한 사람들은
묵묵히 한 방향을 정해놓고 꾸준히 실력을 쌓아온 사람들이다.
오랜 시간을 버텨낸 사람만이 원하는 성과를 얻는다.

나는 단기간의 반짝 성공보다,
10년, 20년을 이어가는 것이 더 가치 있다고 믿는다.
그리고 그 목표를 매년 이뤄가며, 지금도 여전히 진행 중이다.

골프뿐만 아니라, 인생도 마찬가지다.
나는 오늘도 연습장에 간다. 그 이유는 단순하다.
어제보다 조금 더 나은 스윙을 하기 위해서. 그뿐이다.

기회를 가지는 사람의 특징

골프를 오래 하면서,
나는 단순히 공을 치는 기술뿐만 아니라,
삶을 살아가는 태도도 배웠다.
어떤 사람들은 골프를 '운동'이라고 하지만,
나는 골프를 삶의 축소판이라고 생각한다.

완벽한 샷을 치고도,
바람 한 번에 공이 예상치 못한 곳으로 날아갈 수 있다.
최고의 컨디션일 때도,
한순간의 방심이 모든 것을 무너뜨리기도 한다.
하지만 중요한 것은 그다음 샷을 어떻게 준비하는가다.

기회를 잡는 사람들은 실수에 오래 머물지 않는다.
오히려 실수를 교훈 삼아 더 신중하게 다음 샷을 준비한다.
한 번의 티샷이 경기 전체를 결정짓지는 않는다.

하지만 기회를 스스로 놓치는 사람과,
끝까지 살려내는 사람의 차이는 분명하다.

결국, 원하는 목표에 도달하는 사람들은
기회를 기다리는 것이 아니라, 기회를 만들어내는 사람들이다.

이것이 내가 골프를 통해 배운 **인생의 법칙**이다.

지금 이 순간이
마지막일 수도 있다

골프에서는 누구나 같은 필드에서 출발한다.
같은 코스를 걷고, 같은 바람을 맞으며,
같은 홀을 향해 공을 친다.
하지만 최종 스코어는 절대 같지 않다.

나는 정규 투어 시절, 실력 있는 선수들을 많이 보았다.
하지만 시간이 지나면서 어떤 선수는 꾸준히 성장했고,
어떤 선수는 점점 무대에서 사라졌다.
그 차이는 무엇이었을까?

기회를 잡는 사람들은 지금 이 순간을 소중히 여긴다.
그들은 "다음이 있을 거야"라고 쉽게 넘기지 않는다.
지금 이 순간이 마지막일 수 있다는 심정으로 경기에 임한다.

반면, 기회를 놓치는 사람들은 늘 다음을 기약한다.
"이번엔 안 됐지만, 다음에 잘하면 되겠지."
"다음 기회엔 더 준비해서 도전해야지."

하지만 똑같은 기회는 다시 찾아오지 않는다.
지금 이 순간을 어떻게 대하는지가,
결국 다른 결과를 만든다.

어디로 가고 있는지 점검하라

골프를 하다 보면, 비거리에 집착하는 사람들이 많다.

"더 멀리 보내야 한다."
"비거리가 길면 더 좋은 성적이 나온다."
하지만 정작 중요한 것은 거리가 아니다.

방향이 맞지 않으면, 공이 아무리 멀리 날아가도
해저드에 빠지고, 벙커에 갇히고, OB가 난다.
골프에서 가장 중요한 것은
'공을 얼마나 멀리 보내느냐'가 아니라
'어디로 보내느냐' 이다.

인생도 마찬가지다.

우리는 종종
"더 빨리, 더 멀리 가야 한다"는 강박에 사로잡힌다.
더 많이 배우고, 더 열심히 일하고, 더 큰 목표를 세운다.
하지만 속도가 빠르다고 해서
반드시 좋은 결과로 이어지는 것은 아니다.

진짜 중요한 것은,
내가 지금 어디로 가고 있는지를 아는 것이다.

멀리 가는 것보다,
제대로 가는 것이 중요하다

나는 한때 정규 투어에서 성과를 내지 못하고 방황했다.
그때는 그저 연습량을 늘리고, 더 많은 대회에 나가는 것이 답이라고 생각했다.
"열심히 하면 언젠가는 되겠지" 라는 막연한 믿음으로, 방향도 없이 달려가기만 했다.

하지만 결과는 같았다.
언제나 중간 혹은 그 이하의 성적.
결국, 나는 내 길을 다시 생각해야 했다.

내가 정말 원하는 것은 무엇인가?
나는 어떤 플레이어가 되고 싶은가?
어떤 방식으로 골프를 대해야 하는가?

그 질문을 스스로에게 던진 뒤, 나는 방향을 바꿨다.
정규 투어에서 억지로 버티는 대신,
내가 더 오래, **더 단단하게 설 수 있는 무대**를 찾기로 했다.

그렇게 나는 시니어 투어로 전향했다.
그리고 거기서 진짜 내 길을 발견했다.

2장

멘탈이 흔들리지 않는
사람들의 비밀

기술은 반복이 만든 감각이다.

감각은 선천적인 게 아니다.
익숙한 샷도, 날카로운 퍼팅도
모두 반복된 시간의 결과다.

결국 끝까지 가는 사람이
승리하는 이유

골프는 18홀 경기다.
하지만 승부는 대부분 마지막 몇 홀에서 결정된다.

초반에 완벽한 플레이를 해도,
마지막에 집중력을 잃으면 모든 것을 잃는다.
반대로, 초반에 실수를 했더라도
끝까지 포기하지 않으면 기회는 반드시 온다.

나는 그런 경기를 수도 없이 경험했다.
시니어 투어에 와서 이 사실을 더욱 절실히 깨달았다.
이곳에서는 스윙이 화려한 선수보다,
끝까지 집중력을 유지하는 선수가 살아남는다.

골프는 결국 끝까지 가는 사람이 이기는 게임이다.
인생도 다르지 않다.

포기하는 사람과
끝까지 가는 사람의 차이

골프를 배우는 사람들을 보면,
시작한 지 몇 달 만에 클럽을 놓는 경우가 많다.
"생각보다 어렵네."
"재미가 없다."
"나는 소질이 없나 보다."

그럴 때 나는 말한다.
"누구나 처음엔 못 친다."
"처음부터 잘하는 사람은 아무도 없다."

처음에는 공이 맞지도 않고,
잘 맞았다고 생각한 샷도 엉뚱한 방향으로 날아간다.

그런데도 계속 치다 보면, 어느 순간 손에 감각이 생긴다.
몸이 기억하는 스윙이 만들어지고,
자신만의 리듬이 생긴다.
나는 하루 이틀 반짝 잘하는 것보다,
10년, 20년을 이어가는 것이 더 중요하다고 생각한다.

"포기할 이유가 없다면, 그냥 계속 가라."

이것이 내가 골프에서 배운 가장 중요한 철학이다.

버텨야 보이는 게 있다.

처음엔 보이지 않는다.
조금만 더 가보면
처음엔 몰랐던 풍경이
펼쳐진다.
그게 버팀의 보상이다.

승부는 퍼팅 하나로 결정된다

골프에서는 한 번의 실수가 경기 전체를 바꿔놓는다.
티샷을 멋지게 날리고, 아이언 샷을 완벽하게 보내도,
마지막 퍼팅을 놓치면 모든 것이 무너진다.

나는 중요한 순간,
겨우 50cm 퍼팅을 놓쳐 우승을 놓친 적이 있다.
그날은 바람도 없었고, 컨디션도 좋았다.
하지만 마지막 홀에서 한순간 집중력이 흐트러졌다.
정확한 라인을 읽었고, 거리도 문제없었다.
그런데도 공은 홀컵을 살짝 벗어났다.

그 순간, 머릿속이 하얘졌다.
"이게 들어갔어야 했는데."
"조금만 더 신중했더라면."
"왜 이런 실수를 했을까?"

퍼팅 하나로 승부가 갈린다는 걸 다시 한 번 실감했다.
골프는 실수를 허용하지 않는다. 하지만 아이러니하게도,
실수를 받아들이지 않으면 더 큰 실수가 찾아온다.

나는 그 대회에서 준우승을 차지했다.
사람들은 "그래도 2등이면 잘한 거 아니냐"고 했지만,
그 순간만큼은 나에게 2등이 주는 의미는 크지 않았다.

하지만 시간이 지나고 나서야 깨달았다.
퍼팅을 놓친 것이 내 골프 인생에서
가장 큰 실수가 될 수는 없었다.

진짜 실수는,
그 한 번의 실패에 사로잡혀 있었다는 사실이었다.

실수를 인정하는 순간, 다음 샷이 달라진다

골프에서 가장 중요한 것은 완벽한 샷이 아니다.
실수를 한 후, 얼마나 빨리 정신을 추스르고
다음 샷을 준비하느냐가 관건이다.

많은 골퍼들이 실수를 하면 자책한다.
"왜 그렇게 쳤지?"
"아까 그 샷만 아니었으면."
"다시 할 수 있다면 더 잘할 텐데."

하지만 골프에서는 '다시'가 없다.
이미 지나간 샷은 돌이킬 수 없고, 남은 것은 다음 샷뿐이다.

퍼팅 하나로 승부가 결정되는 순간이 온다면,
그것이 들어가든, 빗나가든, 결과를 받아들이고
다음을 준비해야 한다.

집중력이 흐트러지지 않고,
흔들리지 않는 사람이 결국 승리한다.

나는 퍼팅 실수로 우승을 놓친 후, 멘탈 훈련을 시작했다.
스윙을 연습하는 것만큼,
마음의 흔들림을 잡는 연습이 중요하다는 걸
깨달았기 때문이다.

실수는 누구나 한다.
하지만 실수를 반복하는 사람과,
실수를 교훈 삼는 사람의 차이는 크다.
중요한 건, 실수를 했을 때 어떤 태도를 가지느냐이다.

승부를 결정짓는 것은 퍼팅 자체가 아니라,
퍼팅을 마주하는 태도다.
실수를 인정하는 순간, 다음 샷이 달라진다.

감각은 하루아침에 만들어지지 않는다

골프를 오래 하다 보면,
처음에는 의식해야 했던 것들이
어느 순간 무의식적으로 나온다.

공을 어떻게 맞춰야 하는지,
스윙의 템포를 어떻게 가져가야 하는지,
임팩트 순간에 힘을 어디에 실어야 하는지.

이 모든 것들이 몸에 스며든다.
그리고 그것을 우리는 '감각'이라고 부른다.

어떤 사람들은 골프를
감각적인 스포츠라고 말한다.

하지만 감각은 타고나는 것이 아니다.
타고난 감각이 있어야만
잘 할 수 있는 운동이 아니라는 뜻이다.

감각은 **반복된 연습**이 만들어낸 결과다.
수천 번, 수만 번의 스윙이 쌓였을 때,
머리가 아닌 몸이 반응하는 순간이 왔을 때,
비로소 우리는 **감각이 생겼다**고 말할 수 있다.

유지하지 않으면
사라진다

나는 지금도 연습장에 나가면 기본기부터 점검한다.
그립을 다시 잡아보고, 어드레스를 확인하고,
내 스윙이 흔들리지 않는지 체크한다.

30년을 넘게 골프를 했지만,
여전히 연습을 소홀히 하면 감각이 흐려지는 것을 느낀다.

이제는 눈을 감고도 클럽을 잡을 수 있다.
하지만 연습을 멈춘다면?
단 며칠 만에 감각은 무뎌지고,
조금씩 미세한 어긋남이 쌓여 플레이 전체를 무너뜨릴 것이다.

감각은 연습으로 쌓이는 것이지만, 방심하는 순간
사라지는 것이기도 하다.
그리고 그 차이는 경기에서 고스란히 드러난다.

감각은
훈련된 기억이다

사람들은 때때로 "느낌이 좋다"라고 말한다.
그런데 그 '좋은 느낌'은 어디에서 오는 걸까?

그것은 결국 반복된 연습이 만들어낸 **훈련된** 기억이다.

정확한 스윙을 반복하면, 몸은 그 움직임을 기억한다.
기억된 움직임은 점점 정확한 스윙의 축을 향해 몸을 정렬한다.

퍼팅의 템포를 익히면,
긴장되는 순간에도 같은 리듬을 유지할 수 있다.
강한 멘탈은 반복된 연습에서 오는
몸의 감각에서 비롯된다는 뜻이다.
초조하고 긴장된 순간에도,
오로지 몸의 감각으로 흔들리지 않는
리듬을 가질 수 있다면, 이보다 더 완벽한 준비는 없다.

나는 대회에서 중요한 순간을 수없이 경험해왔다.
실수할까 두려운 마음이 밀려올 때도,
이전에 반복했던 스윙을 떠올리며 그 감각에 몸을 맡겼다.
결국 나를 지켜주는 건, 훈련된 감각이었다.
그리고 그것은 하루아침에 만들어지는 것이 아니다.

그렇게, 매일 공을 치면서 얻은 작은 차이들이, 경기에서 결정적인 순간을 만든다.
감각은 그냥 오는 것이 아니다.
꾸준히, 올바르게 연습한 사람만이 얻을 수 있는 것이다.

골프를 오래 칠수록,
감각이란 결국 연습의 다른 이름이라는 걸 더 깊이 깨닫는다.

멘탈은
훈련될 수 있다

많은 사람들이 묻는다.
"프로님, 중요한 순간에 떨리지는 않나요?"

나는 말한다.
"떨리죠. 하지만 연습한 대로 하면 됩니다."

골프는 멘탈의 스포츠다.
스윙을 아무리 잘해도,
결정적인 순간 멘탈이 흔들리면 아무 소용이 없다.
그렇다면, 강한 멘탈은 타고나는 걸까?

골프를 하면서 가장 크게 깨달은 것이 있다.
멘탈은 **훈련될 수 있다.**

강한 멘탈을 가진 사람들은 대단한 정신력을 타고난 게 아니다.
그들은 반복된 연습으로 자신을 단련했을 뿐이다.

중요한 순간에도 연습한 대로 하면 된다는 **확신**.
실수해도 금방 회복할 수 있는 **기본기**.
경기 중 긴장해도 자신의 템포를 유지할 수 있는 **안정감**.

이 모든 것이 반복된 연습에서 나온다.
3개월, 1년, 10년의 연습이 쌓일 때,
비로소 우리는 중요한 순간에도
흔들리지 않을 자신을 갖게 된다.

멘탈은 단순한 정신력이 아니다.
연습이 쌓여 만든, 신뢰할 수 있는 **나 자신과의 약속**이다.

불안할 때 나를 지켜주는 건
연습뿐이다

수많은 대회를 경험했지만, 여전히 긴장할 때가 있다.
퍼팅 하나로 승부가 갈릴 때,
한 샷이 모든 것을 결정할 때,
손끝이 떨릴 정도로 긴장되는 순간이 온다.

그럴 때 나는 생각한다.
"지금까지 내가 해온 모든 연습이 나를 지켜줄 것이다."

누구나 긴장한다.
하지만 결정적인 차이는,
그 순간을 견디는 힘이 있느냐 없느냐에서 생긴다.

나는 누구보다 많은 시간을 연습장과 필드에서 보냈다.
그렇다고 해서 긴장이 완전히 사라진 것은 아니었다.

하지만 분명한 것은 있다.
연습을 통해 익힌 동작은 **긴장 속에서도 무너지지 않는다.**
손이 떨리고, 심장이 빠르게 뛰어도,
내 몸은 익숙한 템포를 찾아갔다.

흔들리지 않는 힘은
어디에서 오는가

경기 중 머리로 너무 많은 것을 계산하려 하면
오히려 실수가 늘어난다.

그러나 몸이 기억하는 동작은,
복잡한 생각이 끼어들 틈을 주지 않는다.
그것이 훈련된 감각이고,
반복된 연습이 주는 가장 큰 힘이다.

흔들리지 않는 멘탈은
한 두 번의 연습으로
단단해지는 것이 아니다.

강력한 멘탈은 반복된 훈련 속에서 만들어지는 것이다.
그 사실을 깨달은 뒤부터,
나는 불안할 때마다 스스로에게 묻는다.

"나는 충분히 연습했는가?"

그리고 그 대답이 '그렇다'일 때,
나는 더 이상 흔들리지 않는다.

3장

배움을 멈추지 않는 사람들

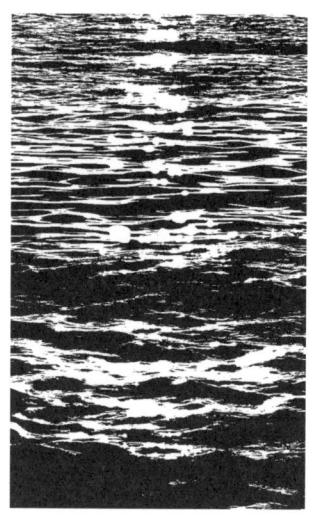

스윙은 기술이지만,
리듬은 인생이다.

좋은 스윙보다
흔들리지 않는 리듬이 더 중요하다.
경기에서도, 삶에서도.

내가 여전히 레슨을 받는 이유

배움에는 끝이 없다.
골프든, 인생이든 마찬가지다.

생각보다 많은 사람들이 '배운다'는 것을 자존심 문제로 여긴다.

"나는 이미 충분히 알고 있다."
"내 방식이 더 낫다."
"이제 와서 새로 배우면 괜히 헷갈릴 것 같다."

하지만 그런 생각을 하는 순간, 성장은 멈춘다.

나는 프로가 된 이후에도 내 스윙을 계속 점검받았다.
내가 미처 인지하지 못한 작은 오류를 잡아주고,
내 플레이를 한 단계 더 발전시켜줄 수 있는 사람이 필요했다.

레슨을 받을 때마다 완전히 새로운 걸 배우는 건 아니다.
때로는 이미 알고 있던 것을 다시 확인하는 과정이기도 하다.
하지만 그 반복 속에서,
알고 있다고 여긴 내용을 더 깊이 이해하게 된다.

배운다는 것은 곧 자신의 부족함을 인정하는 것이다.
그리고 부족함을 인정하는 사람만이 더 성장할 수 있다.
배움을 멈추지 않았던 것이,
내가 이 자리까지 올 수 있었던 이유다.

프로도 배우는데, 아마추어는 왜 안 배울까?

레슨을 하다 보면, 이런 말을 자주 듣는다.

"혼자 연습해도 되지 않을까요?"
"3년이나 배웠는데, 이제 혼자 해볼게요."

나는 30년 동안 여전히 배우고 있다.
배움이 끝났다고 생각하는 순간,
실력은 퇴보하기 시작한다는 것을 알고 있기 때문이다.

자신의 플레이를 객관적으로 점검받는 것은 필수다.
잘못된 습관을 고치지 않은 채 혼자 연습하면,
오히려 더 나쁜 습관이 자리 잡을 수도 있다.
그리고 한 번 자리 잡은 습관은
시간이 지날수록 고치기가 더 어렵다.

나는 지금도 내 스윙을 영상으로 찍어 분석하고,
전문가에게 날카로운 피드백을 받는다.
그 작은 차이가 쌓여,
경기에서 결정적인 순간을 만든다는 것을
잘 알고 있기 때문이다.

레슨을 받는 이유는 꼭 경기를 나가서 이기기 위함만이 아니다.
연습만큼 중요한 방향성을 잘 잡아가기 위해서는
반드시 조언자가 필요하다.
그 어떤 습관도 그냥 넘기지 않고 꾸준히 점검하는 것,
그것이 긴 시간 동안 실력을 유지하고 발전할 수 있는
유일한 길이다.

고집을 고수하는 사람들

골프를 배우는 사람들을 보면,
같은 기간 동안 배웠는데도 실력이 천차만별이다.
누군가는 빠르게 실력이 늘어나지만, 누군가는 몇 년이 지나도 제자리걸음이다.

왜 이런 차이가 생길까?

몇 년 전, 내게 레슨을 받던 두 아마추어 골퍼가 있었다.
한 명은 배운 내용을 바로 연습했고,
스윙을 점검할 때마다 작은 문제라도 바로 수정했다.
반면, 다른 한 명은 "알겠다"라고 대답하면서도
결국 자기 스타일대로 치곤 했다.
몇 달이 지나자 둘의 차이는 확연히 벌어졌다.
같은 기간 배웠는데도 한 사람은 실력이 눈에 띄게 늘었고,
다른 한 사람은 여전히 같은 실수를 반복했다.

어떤 사람의 실력이 늘었는지는
설명하지 않아도 알 수 있을 것이다.

물론 골프라는 운동이 내 마음대로,
내 뜻대로 되지 않아서 어렵다고들 한다.
하지만 중요한 건 '어떤 자세로 배우는가'이다.
배운 것을 자신의 것으로 만들지 못하면,
아무리 오랜 시간을 투자해도 실력은 늘지 않는다.
그 차이가 결국 경기에서 중요한 순간을 가른다.

배운 것을 내 것으로 만드는 법

골프를 배우는 것과, 골프를 잘 치는 것은 늘 비례하진 않는다.

많은 사람들이 레슨을 받고, 새로운 기술을 배우지만,
정작 실전에 가면 제대로 활용하지 못한다.
왜 그럴까?
단순히 '배웠다'고 해서
그게 바로 내 것이 되지는 않기 때문이다.

진짜 실력으로 만들려면, 반드시 이 세 가지 과정이 필요하다.

첫째, 몸에 익숙해질 때까지 **반복**해야 한다.
골프 스윙은 생각보다 섬세한 동작이다.
그립을 바꾸거나, 스윙 템포를 조정하는
작은 변화만으로도 처음에는 어색함이 느껴질 수 있다.
하지만 반복된 연습을 통해

몸이 자연스럽게 반응할 때까지 연습해야 한다.

둘째, **작은 성공 경험**을 쌓아야 한다.
배운 것을 바로 필드에서 적용하는 것은 쉽지 않다.
그래서 연습 과정에서라도 성공 경험을 만들어야 한다.
"이렇게 하니까 공이 더 똑바로 가네."
"이 템포로 치니까 거리 조절이 쉬워지네."
이런 작은 성취가 쌓여야 배운 기술이 내 것이 된다.

셋째, **실전**에서 적용해봐야 한다.
연습장에서 아무리 잘 맞아도,
실전에서는 또 다른 변수가 많다.
필드에서 긴장감 속에서도
같은 동작을 할 수 있어야 진짜 실력이다.
그래서 나는 연습과 실전의 균형이 중요하다고 생각한다.

나는 지금도 새로운 기술을 배우면,
"이걸 어떻게 하면 내 것으로 만들까?"를 가장 먼저 고민한다.
배우는 것으로 끝내지 않고,
결국 실력으로 연결되도록 연습하는 것.
이것이 골프뿐만 아니라,
어떤 배움에서든 가장 중요한 과정이다.

기본기가 강한 사람이
결국 이긴다

골프를 오래 하다 보면,
누구나 한 번쯤은 기교에 욕심이 생긴다.
더 멋진 스윙, 더 강한 임팩트, 더 화려한 테크닉.

하지만 경기를 오래 해온 선수일수록,
결국 기본기가 가장 중요하다는 걸 깨닫는다.

기본기가 탄탄한 사람은 **실전에서 흔들리지 않는다.**
기본기가 좋은 사람일수록 **실수를 빠르게 수정**할 수 있다.
기본기를 갖춘 사람만이 **더 높은 기술**을 쌓을 수 있다.

나는 프로가 된 이후에도, 여전히 그립부터 점검한다.
어드레스를 확인하고, 스윙 템포를 체크한다.
가끔은 "프로가 아직도 기본기 연습을 해요?"라고
묻는 사람도 있다.

그럴 때 나는 이렇게 대답한다.
"기본기가 무너지면, 모든 게 무너집니다."

화려한 기술을 익히는 것보다 중요한 것은,
기본기를 끝까지 놓지 않는 것이다.
결국 오랫동안 꾸준히 좋은 성적을 내는 사람은,
기본기가 단단한 사람이다.

배움에도 타이밍이 있다

골프를 배우는 과정에서 중요한 것은 '언제 배우느냐'이다.
같은 내용을 배우더라도, 적절한 시기를 놓치면 몸에 익숙해지기까지 더 많은 시간이 걸린다.

나는 그동안 레슨을 진행하면서 수많은 골퍼들을 만나왔다.
그중에는 스윙의 문제를 빨리 깨닫고 수정하는 사람도 있었고, 반대로 10년 넘게 잘못된 습관을 유지하다가 나중에서야 고치려는 사람도 있었다.

하지만 오래된 습관을 바꾸는 것은 쉽지 않다.
이미 몸에 배어버린 잘못된 동작은, 그만큼 더 많은 시간이 걸린다.

그래서 늘 강조한다.
골프에서 가장 중요한 시기는 **초반 1~3년**이다.

이때 제대로 배운 사람과, 대충 배운 사람의 차이는 시간이 지날수록 더욱 벌어진다.

"언젠가 고치면 되겠지" 라는 생각은 위험하다.
습관이란, **나중에 고치려고 할수록 고통**스럽다.

배움에는 타이밍이 있다.
배워야 할 때 배우고, 고쳐야 할 때 고쳐야 한다.
그렇지 않으면, 시간이 흐를수록
그 차이는 더욱 커지기 마련이다.

실력을 키우는
3가지 방법

배움을 대하는 태도가 결국 실력을 만든다.
같은 내용을 배워도 어떤 사람은 빠르게 실력이 늘고, 어떤 사람은 제자리걸음을 한다.
나는 그 차이가 **배우는 태도**에서 온다고 믿는다.

첫째, 배움 앞에서 겸손한가?
레슨을 하다 보면 "이건 이미 아는 내용인데요?"라고 말하는 사람을 종종 만난다.
하지만 **'아는 것'과 '하는 것'**은 다르다.
머리로 이해하는 것과,
몸이 익숙해지는 것은 전혀 다른 이야기다.

기본기만 탄탄해도 플레이가 달라진다.
프로 선수들이 매일 똑같은 동작을 점검하는 이유도
여기에 있다.

배움을 대하는 태도가 실력의 차이를 만든다.

둘째, 배운 것을 제대로 연습하는가?
레슨을 받고도 실력이 늘지 않는다는 사람들이 있다.
그들은 종종 이렇게 말한다.

"연습을 해도 잘 안 돼요."
"이걸 몇 번이나 더 연습해야 하나요?"

하지만 단순히 많이 연습하는 것이 중요한 것이 아니다.
배운 내용을 제대로 연습하고 있는지가 가장 중요하다.
한두 번 따라 해보고 넘어가는 것과,
완전히 몸에 익힐 때까지 반복하는 것의 차이는 크다.

셋째, 실수를 인정하고 개선할 의지가 있는가?
자신의 문제를 인정하는 것이 어렵다는 사람들도 있다.
하지만 실수를 받아들이지 않으면,
결국 같은 실수를 반복할 수밖에 없다.

나는 실력을 꾸준히 키우는 사람들을 보며
한 가지 확신하게 되었다.
배움을 대하는 태도가 실력을 만든다.
누구에게나 배울 기회는 주어지지만,
그 기회를 살리는 것은 **스스로의 태도**에 달려 있다.

4장

결국 차이를 만드는 것은
무엇인가

실력은 목소리를 내지 않는다.

진짜 실력자는
말하지 않는다.
자세히 보면, 몸이 말하고 있다.

1,000번의 스윙이 필요하다

많은 사람들이 새로운 기술을 배울 때,
"아! 이제 알겠어요"라고 말한다.

하지만 이해하는 것과, 실제로 몸에 익히는 것은 다르다.
레슨을 들을 때는 잘 되던 동작이,
다음날 연습장에서 하면
또 엉망이 되는 경험을 해본 적이 있을 것이다.

나는 배운 것이 진짜 내 것이 되기까지는
최소한 1,000번의 반복이 필요하다고 생각한다.
이론으로 이해하는 것과,
몸이 자연스럽게 반응하는 것에는 큰 차이가 있다.

이전에 스윙 자세 중 작은 디테일 하나를 수정하는 데
몇 달이 걸린 적이 있다.

고개가 조금만 빨리 돌아가도 임팩트가 흐트러졌고,
체중이 1cm만 앞으로 쏠려도 볼이 원하는 궤도를 벗어났다.
이론적으로는 알고 있었지만, 그 동작이 완전히 몸에 배기까지는 매일같이 연습이 필요했다.

나는 지금도 연습장에 나가면 같은 스윙을 수백 번 반복한다.
퍼팅 하나, 아이언 하나도 그냥 지나치지 않는다.

머리로 아는 것을 몸이 받아들일 때까지.
몸이 기억할 때까지.
반복이 익숙함이 될 때까지 연습은 끝나지 않는다.

배움은 한 번 듣고 끝나는 것이 아니다.
반복될 때 비로소 내 것이 된다.
그리고 그 차이가 경기를 결정짓는다.

1cm에서 결정되는 차이

골프를 배우면 누구나 기본기를 익힌다.
그런데 일정 수준이 지나고 나면,
결국 실력을 결정짓는 것은
아주 작은 차이에서 온다는 걸 깨닫게 된다.

어드레스에서 무게 중심이 1cm만 앞으로 쏠려도,
임팩트가 달라진다.
손목의 각도가 조금만 틀어져도,
공의 구질이 변한다.
퍼팅 시 손에 힘이 조금만 들어가도,
거리감이 달라진다.

이런 미세한 차이들이 누적되면,
경기에서 엄청난 차이를 만든다.

나는 예전보다 훨씬 더 작은 부분에 집중한다.
스윙 템포, 손목의 각도, 피니시의 균형.
겉으로 보면 똑같아 보일지 몰라도,
아주 작은 조정이 경기의 흐름을 바꾼다는 것을
몸소 체험했기 때문이다.

아마추어 골퍼들이 가장 간과하는 것도 바로 이 디테일이다.
많은 사람들이 "대충 맞으면 됐지"라고 생각하지만,
작은 차이를 신경 쓰는 사람과
그렇지 않은 사람의 실력 차이는
점점 벌어진다.

완성의 순간은
느껴지는 것이다

골프를 배우면서,
우리는 스윙 동작 하나하나를 세세하게 익힌다.
머리로 이해하고, 몸으로 반복하며 익숙해진다.
하지만 정말 중요한 순간은 따로 있다.

어느 날 문득, 스윙이 자연스럽게 몸에서 흘러나오는 순간.
힘을 주지 않았는데도 공이 원하는 궤적대로 날아가는 순간.
바로 그때, **"아, 이게 이런 느낌이구나"**라는 깨달음이 온다.

나는 이런 순간을 '기술이 완성되는 순간'이라고 부른다.
단순한 동작의 반복이 아니라,
몸이 진짜로 그 기술을 이해하는 순간.
그때가 되면 더 이상 스윙을 계산하지 않는다.
그저 몸이 알고, 감각이 알아서 움직인다.

나는 그 느낌을 알기까지 수없이 연습했다.
그리고 지금도 여전히 그 느낌을 유지하기 위해
매일 연습장에 간다.

기술은 머리로 아는 것이 아니라,
몸으로 체득하는 것이다.
그리고 완성의 순간은
반복 속에서 '느껴지는 것'이다.

몸이 기억할 때까지
멈추지 말 것

스윙을 배울 때 처음에는 하나하나 생각하게 된다.
어드레스, 백스윙, 다운스윙, 임팩트, 피니시까지.
어떤 순서로 움직여야 하는지,
어디에 힘을 줘야 하는지,
머리로 계산하며 움직인다.

하지만 그렇게 하면 공은 쉽게 맞지 않는다.
너무 많은 생각이 머릿속을 가득 채우면,
오히려 몸은 자연스럽게 움직이지 못한다.

결국 골프는 머리로 하는 스포츠가 아니라,
몸이 기억하는 스포츠다.

나는 지금도 연습장에 나가면 같은 동작을 반복한다.
스윙을 영상으로 찍어보며, 작은 차이를 조정한다.

이 모든 과정은
'머리가 아니라 몸이 기억하도록' 만드는 훈련이다.

그렇게 반복하다 보면,
어느 순간 '생각 없이' 스윙이 나오는 때가 온다.
그때가 되면, 더 이상 힘을 주려고 하지 않아도
공이 원하는 방향으로 간다.

퍼팅을 할 때도 마찬가지다.
계산하지 않아도 손끝이 거리감을 정확히 맞춘다.
이것이 바로 '몸이 기억할 때까지' 연습해야 하는 이유다.

머리로 이해한 것은 잊어버릴 수 있지만,
몸이 기억한 것은 쉽게 사라지지 않는다.

중요한 순간,
나를 지켜주는 것은

경기를 치르다보면, 결정적인 순간이 온다.
한 타 차이로 승부가 갈리는 순간,
단 한 번의 퍼팅이 모든 걸 바꿀 수도 있다.

그때 필요한 것은 무엇일까?
운? 타고난 재능? 아니면 강한 멘탈?

나는 확신한다.
중요한 순간, 나를 지켜주는 것은 결국 반복된 연습이다.

골프는 변수가 많은 스포츠다.
바람, 코스 상태, 컨디션.
어떤 날은 모든 것이 잘 맞아떨어지고,
어떤 날은 아무리 해도 뜻대로 되지 않는다.

하지만 꾸준히 연습한 선수는,
흔들리지 않는다.

나는 중요한 대회 전날이면 항상 같은 루틴을 반복했다.
연습장에 가서 퍼팅 감각을 익히고,
몸을 풀고,
하루 동안 코스를 점검하는 시간을 가졌다.

그렇게 익숙한 루틴을 유지하면,
경기 당일 긴장되는 순간에도
몸이 스스로 반응한다.

결국 중요한 순간이 왔을 때,
나를 지켜주는 것은 그동안 해온 연습뿐이라는 것을,
나는 수없이 경험하고 경험한다.

실력은 하루아침에 만들어지지 않는다

목표를 향해 가는 사람들이 흔히 들을 수 있는 조언이 있다.

"실력을 쌓는 데는 시간이 필요하다."

너무 당연한 말 같지만,
많은 사람들이 이 과정을 견디지 못한다.
골프를 시작한 지 얼마 되지 않아
"왜 이렇게 안 늘지?"하고 좌절하는 사람들,
조금 하다가 "나는 재능이 없나 봐"하고 포기하는 사람들,
혹은 당장의 성과에 급급해 제대로 된 과정 없이
무리하게 연습하는 사람들.

나는 수많은 아마추어 골퍼들을 만나며 한 가지 확신했다.
실력은 하루아침에 만들어지는 것이 아니다.
기본기를 다지고, 실수를 반복하며,

조금씩 보완하는 과정이 반드시 필요하다.

나 역시 프로가 된 이후에도 스윙을 수정해야 했고,
퍼팅의 거리감을 맞추기 위해 수없이 연습해야 했다.
때로는 "이제 좀 알겠다!" 싶다가도,
다시 원점으로 돌아가는 듯한 순간이 있었다.

하지만 시간이 지나고 보니, 그 모든 과정이 쌓여 있었다.
어느 날 갑자기 실력이 좋아지는 것이 아니라,
매일 쌓아온 작은 차이들이 결국 커지는 순간이 오게 된다.

그리고 그 순간이 왔을 때,
그동안의 모든 노력이 의미를 갖게 된다.

끝까지 버틴 사람만이
볼 수 있는 풍경

골프를 하다 보면, 한두 번의 좋은 샷이 아니라 끝까지
일관된 플레이를 유지하는 것이 더 중요하다는 걸 깨닫게 된다.

18홀 동안 꾸준하게 좋은 스코어를 유지하는 것.
1라운드가 끝난 후에도, 2라운드, 3라운드에서
집중력을 잃지 않는 것.

이것이 결국 경기의 승패를 가른다.

나는 많은 선수들을 보면서 한 가지 확신했다.
처음에는 비슷한 출발을 했더라도,
끝까지 버티는 사람이 결국 이긴다.

어떤 선수는 초반 몇 홀에서 완벽한 플레이를 보이다가도,
후반으로 갈수록 집중력이 흐트러진다.
반면, 처음에 흔들렸던 선수라도
꾸준히 자신의 템포를 유지하면
결국 좋은 결과를 얻는다.

골프뿐만 아니라, 인생도 마찬가지다.
처음에는 비슷한 출발을 해도,
시간이 지나면 결국 차이가 벌어진다.
그리고 그 차이를 만드는 것은 **끝까지 가는 힘**이다.

포기하지 않는 마음이 만드는 길

포기하고 싶은 순간은 누구에게나 온다.
샷이 계속 흔들리고,
아무리 해도 감각이 돌아오지 않는 날도 있다.
레슨을 받아도 나아지는 것 같지 않고,
연습을 해도 결과가 달라지지 않는 날들이 반복된다.

그럴 때 사람들은 두 가지 선택을 한다.
멈추거나, 계속 가거나.

나는 정규 투어에서 그리 좋은 성적을 내지 못했다.
하지만 멈추지 않았다.
하루 더 연습했고, 하루 더 나를 점검했다.
그렇게 조금씩 쌓인 날들이 결국 내 길을 만들었다.
그때 포기했더라면, 챔피언스 투어에서
3년 연속 상금왕이 되는 일은 없었을 것이다.

포기하지 않는 마음이란, 특별한 의지가 아니다.
그냥, 오늘도 한 걸음 더 나아가는 것이다.

5장

변화하는 사람만이
성장한다

그날의 스윙은,
그날의 마음을 드러낸다.

스윙은 거짓말을 하지 않는다.
불안, 자신감, 긴장.
모두 자세에 드러난다.

익숙함이라는 함정에서 벗어나기

골프를 오래 하다 보면 누구에게나 자신만의 방식이 생긴다.
익숙한 스윙, 늘 하던 연습법, 자신에게 편한 루틴.
하지만 편하다고 해서 항상 최선은 아니다.

나는 수많은 아마추어 골퍼와 프로 선수들을 만나며
한 가지 분명한 차이를 발견했다.
바로 변화를 받아들이는 사람과 그렇지 않은 사람의 차이다.

처음엔 큰 차이가 없어 보인다.
하지만 시간이 지날수록 차이는 점점 더 벌어진다.

변화를 받아들이는 사람은
새로운 것을 배우는 데 망설임이 없다.
자신의 부족한 점을 인정하고 적극적으로 개선하려 한다.

반면 변화를 거부하는 사람은 이미 익숙한 방식을 고집한다.
새로운 변화를 부담스럽고 불편하면
실력은 제자리에 머무를 수밖에 없다.

나 역시 프로 생활 중 여러 차례 스윙을 수정해야 했다.
예전엔 문제없던 동작이 어느 순간 내 플레이에
장애가 되기도 했기 때문이다.

물론 변화를 받아들이는 과정이 쉽지는 않았다.
익숙한 걸 내려놓고 새로운 것을 배우는 일은
때론 고통스럽기도 했다.
하지만 그 과정을 견뎌낸 후,
이전과 비교할 수 없을 정도로
성장한 내 모습을 발견할 수 있었다.

익숙한 것이 편하다고 해서 언제나 옳은 것은 아니다.
진짜 성장은 **변화를 받아들이는 순간 시작**된다.

잘못된 스윙에
미련을 갖지 마라

골프를 하다 보면 누구나 자신만의 스윙 스타일을 가지게 된다.
문제는, 그 스타일이 항상 맞는 것은 아니라는 점이다.

예전에 나는 드라이버의 비거리가 늘 고민이었다.
좀 더 멀리 보내고 싶었지만,
이미 몸에 배어 익숙해진 스윙을 바꿔야 했다.
스윙 자세를 바꾸는 것은 두려운 일이었다.
"괜히 바꿨다가 지금보다 더 안 좋아지면 어떡하지?"
이런 불안이 나를 망설이게 했다.

하지만 어느 날, 내 플레이를 본 선배 프로가 말했다.
"지금 스윙 자세로는
네가 원하는 수준까지 가기는 어려울 거야. 변화가 필요해."

나는 그 말을 듣고 잠시 흔들렸다.
오랜 시간 내 몸에 익숙했던 방식을 바꾸는 일은
생각보다 어렵다.
수년간 반복해서 만들어 온 습관을 버린다는 건
큰 용기가 필요했다.
하지만 나는 멈추고 싶지 않았다. 더 발전하고 싶었다.
그렇게 익숙했던 나의 스윙을 내려놓고,
다시 처음부터 새로운 스윙을 몸에 익히기 시작했다.

그 과정은 결코 편하지 않았다.
하지만 결국 비거리는 늘었고, 방향도 더욱 섬세하게 잡혀갔다.
고통스러운 순간을 넘어서자,
내가 원하는 수준으로
한 단계 성장한 내 모습을 발견할 수 있었다.

변화는 결코 편하지 않다. 때로는 익숙함을 버리는
고통스러운 결정을 내려야 한다.
그러나 그 순간을 넘어서지 않으면 더 큰 성장은 없다.

결국, 변화는 선택이 아니라, 성장을 위한 필수조건이다.

한계를 넘어서는 순간이 온다

골프를 배우면서 누구나 한 번쯤 슬럼프를 경험한다.
아무리 연습해도 실력이 늘지 않고,
오히려 더 나빠지는 느낌을 받을 때가 있다.

정규 투어에서 성적이 좋지 않았던 시기,
나는 매일 필드로 나가 연습하고 또 연습했다.
하지만 아무리 노력해도 결과는 바뀌지 않았다.
오히려 나는 점점 자신감을 잃어갔다.

그때 주변 사람들은 이렇게 조언했다.
"더 열심히 하면 언젠가는 나아질 거야."
하지만 나는 이미 매일 최선을 다하고 있었다.
이른 아침부터 저녁 늦게까지
누구보다 많은 시간을 연습에 매진했다.

결국, 문제는 양이 아니었다.
내가 잘못된 방법으로
계속해서 연습하고 있다는 걸 인정해야 했다.
그리고 익숙했던 습관을 바꾸고 기본기부터 다시 시작했다.

프로가 기본기부터 다시 연습하는 것은
매우 고통스러운 일이다.
처음에는 전보다 더 못 치는 것 같아 두려운 마음이 커진다.
하지만 나는 결국 그 긴 터널을 통과해
더 높은 수준으로 올라갈 수 있었다.

슬럼프에서 벗어나기 위해서는 과거의 방식을
과감히 버리는 용기가 필요하다.
변화는 어렵고 두렵지만,
그 과정을 견뎌낼 때 비로소 성장의 문이 열린다.
그리고 그 문을 통과한 사람만이 다음 단계로 나아갈 수 있다.

완성된 스윙이란
없다는 깨달음

어떤 사람들은 프로가 된 이후에는
더 이상 배울 필요가 없다고 생각한다.
이미 충분히 잘하기 때문에, 이제는 배우는 사람이 아니라
가르치는 사람이 되어야 한다고 믿는 것이다.

나도 한때는 그렇게 생각한 적이 있었다.
정규 투어를 준비하며 수많은 레슨을 받았고,
어느덧 내 방식대로 골프를 할 줄 알게 되자
더 이상 남에게 배우고 싶지 않았다.
오히려 다른 사람에게 가르치는 것이
더 나은 방법이라고 생각했다.

하지만 그것이 큰 착각이었다는 것을 곧 깨달았다.

나는 시니어 투어에 진출하면서,
다시 프로에게 레슨을 받기 시작했다.
그때 나는 내가 프로가 되고 난 후
얼마나 많은 것을 놓치고 있었는지 깨달았다.
스스로 잘하고 있다고 생각했던 스윙에도
미세한 문제가 있었고,
내가 알지 못했던 새로운 연습법과 전략이
계속해서 나오고 있었다.

배움을 멈추는 순간, 성장도 멈춘다.

나는 골프를 하면서 **절대 완성된 스윙이란 없다**는 걸 배웠다.
완벽에 가까워졌다고 느끼는 순간에도,
여전히 배울 것은 남아 있다.

더 나아지기 위해서는 계속 배우고,
더 성장하고 싶다면 새로운 것에 대한 문을 닫아서는 안 된다.

변화는 누구에게나 두렵다

골프 레슨을 진행하다 보면,
자세를 교정하는 데 어려움을 겪는
아마추어 골퍼들을 자주 만난다.
그들은 늘 이렇게 말한다.

"이 자세로 오래 쳐서 익숙한데,
바꾸면 더 안 좋아질까봐 두려워요."
"바꿨다가 더 못 치면 어떻게 해요?"

이들의 마음을 이해한다.
오래된 습관을 바꾸는 일은 누구에게나 두렵다.
그러나 변화가 두려워 멈춰있다면,
결코 지금보다 나아질 수 없다.

나는 과거에 레슨을 받던 아마추어 골퍼 중에
10년 동안 혼자 연습해온 분을 만난 적이 있다.
처음 그분의 스윙을 보고 많은 문제를 발견했지만,
그분은 이미 익숙한 동작에서 벗어나는 것을 망설였다.
한 달이 지나도, 두 달이 지나도 자세를 바꾸지 못했다.

그러던 어느 날, 나의 조언을 받아들이고
과감히 변화를 선택했다.
물론 처음엔 실수가 잦아지고, 스윙이 더 흔들렸다.

하지만 몇 달이 지나자 그분의 플레이는 완전히 달라졌다.
더 정확한 임팩트, 더 부드러운 스윙 템포.
무엇보다도 자신감을 되찾았고,
골프를 즐기는 표정까지 밝아졌다.

그때 깨달았다.
변화를 받아들이는 순간, 사람은 반드시 성장한다는 것을.

결국 두려움을 이기고 변화의 문을 연 사람만이
이전과는 전혀 다른 세상을 볼 수 있다.
익숙함은 잠깐의 편안함을 줄지 모르지만,
진짜 성장은 늘 그 익숙함 너머에 있다.

나는 아직, 연습 중이다.

여전히 부족하고,
여전히 배우고 싶다.
그 마음이 내 실력이고,
내 힘이다.

작은 변화가 만드는 큰 차이

레슨을 하다 보면, 많은 사람들이
익숙한 스윙을 바꾸는 것을 두려워한다.
자신의 방식을 고수하며, 작은 변화조차 주저한다.

얼마 전 레슨을 받던 한 골퍼가 내게 말했다.
"프로님, 이 작은 걸 바꾼다고 정말 달라질 수 있을까요?
바꾸면 오히려 더 안 좋아질까 봐 걱정돼요."

나는 그 마음을 잘 이해했다.
내가 처음 스윙을 교정할 때의 마음이 바로 그랬기 때문이다.

그 골퍼는 스윙할 때 왼손의 그립을 약간만 돌리면
더 안정적인 샷이 나올 수 있었지만,
오랫동안 익숙해진 습관이라 고치기를 주저했다.

하지만 그 작은 변화를 받아들이기로 결심한 뒤,
불과 며칠이 지나자 놀랄 정도로
안정적인 샷이 나오기 시작했다.

얼마 후 그는 이렇게 말했다.
"처음엔 정말 불편했는데, 익숙해지고 나니까 훨씬 좋아졌어요.
진작 바꿀 걸 그랬어요."

작은 변화는 당장은 불편하고 어색하다.
하지만 그것이 몸에 익는 순간,
이전과는 비교할 수 없는 결과를 가져온다.

바뀌지 않는 것을 바꾸려면 용기가 필요하다.
그러나 그 작은 용기 하나가 결국 큰 차이를 만든다.

내 스윙을 의심할 수 있는 용기

골프를 오래 하다 보면 자연스레 내 스윙에 자신감이 붙는다.
그렇게 반복한 시간이 쌓이면서,
"나는 잘하고 있다"고 믿게 된다.
하지만, 바로 그 순간이 가장 위험한 때다.

내 스윙에 의심을 품는다는 건 쉬운 일이 아니다.
익숙해진 것들을 의심하고,
내가 잘하고 있다고 생각한 방식을
돌아본다는 건 분명 불편한 과정이다.
하지만 나는 오랜 골프 생활에서 이것을 반복해서 경험했다.

성장하는 사람은 끊임없이 자신을 의심하고 점검한다.
스스로를 의심할 수 없는 사람은 결국 제자리에 머물고 만다.

몇 년 전, 내 스윙을 본 한 선배 프로가 조심스럽게 말했다.
"선미야, 백스윙 때 축이 약간 흔들리는 것 같은데?"

처음엔 그 말을 인정하기 싫었다.
하지만 집에 돌아와 영상을 찍어 점검해보니,
선배의 말이 맞았다.
나는 그때부터 내 스윙을 처음부터 다시 점검하기 시작했다.
익숙했던 방식을 고치고, 새로운 습관을 다시 만들었다.
그 덕분에 스윙이 더 안정됐고,
다음 시즌의 성적이 눈에 띄게 좋아졌다.

자신을 의심하는 것은 자존심의 문제가 아니다.
오히려 더 높이 성장하기 위한 필수적인 과정이다.
그래서 나는 여전히 연습할 때마다 나 자신을 돌아본다.

"지금 하는 게 정말 옳은가?"
"내가 정말 잘하고 있는 걸까?"

성장하고 싶다면, 스스로를 의심해야 한다.
의심이 더 큰 발전으로 가는 길을 열어준다.

변화는 때때로
강제로 찾아온다

골프를 오래 하다 보면, 자신의 플레이 스타일이
자연스럽게 자리 잡힌다.
하지만 가끔은 예상치 못한 일이
우리의 방식을 바꾸도록 만든다.

몇 년 전, 나는 손목 부상을 입었다.
처음엔 대수롭지 않게 여겼다.
조금만 쉬면 괜찮아질 거라고 생각했다.
하지만 통증은 점점 심해졌고,
어느 순간 클럽을 잡는 것조차 버거워졌다.

그제야 깨달았다.
그동안 해왔던 방식으로는 더 이상 버틸 수 없었다.

억지로 버티려 해도 몸이 따라주지 않았다.
선택지는 두 가지였다.
그냥 이대로 경기를 포기하든지,
아니면 새로운 방법을 받아들이든지.

나는 후자를 선택했다.
손목에 무리가 가지 않도록 스윙을 바꾸고,
새로운 연습 루틴을 만들었다.
처음엔 오히려 공이 맞지 않았고,
감각을 되찾는 데 시간이 걸렸다.
하지만 시간이 지나자,
나는 이전보다 더 효율적인 스윙을 하게 되었다.

변화는 때때로 우리가 원하지 않는 방식으로 찾아온다.
그 순간에는 받아들이기 어렵지만, 지나고 나면 알게 된다.
그 변화를 어떻게 대하느냐가,
결국 나를 어디로 데려갈지 결정한다는 것을 깨우친다.

변화의 타이밍을
읽는 사람들

골프에서 가장 중요한 것 중 하나는
언제 변화를 받아들일지 아는 것이다.
많은 사람들이 변화의 필요성을 깨닫지만,
정작 행동으로 옮기지는 않는다.
그저 "좀 더 지켜보자", "나중에 해도 늦지 않겠지" 하면서
미루다 보면, 어느 순간 되돌리기 어려운 상황이 온다.

나는 과거에 한 선수의 변화를 지켜보며 큰 깨달음을 얻었다.

그는 젊은 시절부터 남들보다
월등한 비거리를 자랑하는 선수였다.
힘 있는 스윙이 그의 가장 큰 무기였고,
그는 그것만으로도 충분하다고 생각했다.
하지만 나이가 들면서 조금씩 거리가 줄어들기 시작했고,
경기에서 점점 불리한 상황이 많아졌다.

그때 그는 결단을 내렸다.
비거리에 대한 고집을 버리고,
더 정확한 아이언 플레이와 퍼팅에 집중하기로 한 것.
주위에서는 "굳이 스타일을 바꿀 필요가 있냐"며 우려했지만,
그는 확신했다.

"이제는 방향을 바꿔야 할 때다."
결과는 어땠을까?
그는 몇 년 후 시니어 투어에서 더 뛰어난 경기력을 보여주며,
오히려 전보다 좋은 성적을 거두었다.

변화를 읽는 능력이란,
단순히 위기가 왔을 때 반응하는 것이 아니다.
위기가 오기 전에 먼저 감지하고,
스스로 변화할 준비를 하는 것이다.

대부분의 사람들은 변화를 '어쩔 수 없이' 받아들인다.
하지만 변화의 타이밍을 읽고 먼저 움직이는 사람만이,
그 변화를 성장으로 만들 수 있다.

같은 곳에서
새로운 길을 찾다

한 번은 유명한 피아니스트의 인터뷰를 읽었다.
그는 매일같이 기본 연습을 한다고 했다.
이미 세계적인 연주자인데도,
매일 손가락 연습을 반복하는 이유가 뭘까?
그의 말이 인상적이었다.

"기본을 반복하는 것이 곧 변화다. 같은 것을 계속하지만,
결코 같은 방식으로 하지 않는다."

그 말을 듣고 나는 내 연습 방식을 돌아봤다.
나는 정말 변화하고 있었을까?
아니면 단순히 반복하는 것에 익숙해져 있었을까?

골프든, 음악이든, 인생이든,
변화는 갑자기 찾아오는 것이 아니다.

매일 같은 연습을 하더라도,
그 안에서 새로운 무언가를 발견하는 것이 변화다.

그때부터 나는 매일 연습할 때마다,
'조금 더 다르게' 접근하려고 노력했다.
같은 동작을 반복하면서도, 더 정확하게,
더 깊이 이해하려고 했다.
익숙한 스윙 속에서도 미세한 차이를 찾고,
매일 하는 퍼팅 연습에서도 새로운 감각을 만들어갔다.

그리고 어느 날,
똑같은 연습의 반복 속에서도
분명히 달라진 나를 발견할 수 있었다.
변화는 결국, 아주 멀리서 찾아오는 것이 아니라,
지금 이 자리에서 만들어지는 것이다.

6장

실력을 넘어, 내면의 힘을 갖춘 사람들

스윙은 그 사람의 하루를 닮는다.

조급한 마음은 빠른 백스윙으로,
지친 하루는 힘 빠진 피니시로 드러난다.
스윙에는 거짓이 없다.

꾸준히 성장하는 사람들은
무엇이 다른가

나는 골프뿐만 아니라, 모든 분야에서
꾸준히 성장하는 사람들에게서 세 가지 공통점을 발견했다.

하나, 실력을 넘어서, **태도를 점검**한다
성장하는 사람들은 실력만 신경 쓰지 않는다.
자신이 어떤 태도로 연습하는지,
어떤 방식으로 배움을 받아들이는지 늘 점검한다.
실력이 늘지 않는다고 느낄 때,
그들은 단순히 연습량을 늘리지 않는다.
오히려 한 발짝 물러서서 "내가 제대로 연습하고 있는가?"를
스스로에게 묻는다.
이 작은 점검이, 시간이 지나면 엄청난 차이를 만든다.

둘, **작은 것이라도 매일 개선**하려 한다
많은 사람들이 큰 변화를 원한다.

하지만 꾸준히 성장하는 사람들은 '매일 1%씩 달라지는 것'을
더 중요하게 여긴다.
오늘 스윙 템포를 0.1초 늦춰본다든가,
퍼팅 시 손목의 힘을 조금 더 빼본다든가.
이런 미세한 조정들이 쌓여,
몇 년 후 완전히 다른 선수를 만든다.

셋, 남이 아니라, **어제의 자신과 비교**한다
"나는 왜 저 선수처럼 못할까?"
이런 생각을 하는 순간, 성장은 멈춘다.
꾸준히 성장하는 사람들은 남과 비교하지 않는다.
대신, 오직 어제의 자신과 비교한다.

"어제보다 나아졌는가?"
"지난주보다 조금 더 정확한 샷을 치고 있는가?"

이 질문을 스스로 던지면서, 그들은 멈추지 않고 나아간다.

결국 마음이 중요해진다

골프를 하다 보면,
처음에는 스윙 자세나 기술에 집중하게 된다.
하지만 일정 수준을 넘어가면,
기술보다 멘탈이 경기의 흐름을 결정한다는 걸 깨닫게 된다.

프로 생활을 하면서 수많은 실력자를 봤다.
그런데 중요한 순간에 누가 더 강한 멘탈을 가지고 있는가가
성적을 가르는 결정적 요소였다.

기술이 같다면, 차이는 '마음의 안정감'에서 나온다
초반에는 완벽한 샷을 보였던 선수도,
후반 홀에 갈수록 흔들리는 경우가 많다.
이런 경우, 스윙이나 퍼팅 기술이 부족해서가 아니다.
순간적인 실수에 집착하고, 결과에 대한 불안감이 커지면서
멘탈이 흔들리는 것이다.

반대로 자신을 믿고 플레이하는 선수는
작은 실수에 동요하지 않는다.
나도 중요한 대회에서 퍼팅을 실수한 적이 많았다.
하지만 멘탈이 강한 날과 약한 날의 차이는,
그 실수를 어떻게 받아들이느냐였다.

"이 한 번의 실수가 내 경기를 망치지 않는다."
"내가 준비한 것을 그대로 하면 된다."
"결과가 아니라, 과정에 집중하자."

이렇게 마음을 다잡으면,
실수 이후에도 경기 흐름을 잃지 않는다.

연습이 쌓일수록,
멘탈이 강해진다

많은 사람들이 강한 멘탈을 '타고난 성격'이라고 생각한다.
하지만 멘탈은 연습을 통해 길러진다.

나는 골프를 하면서 멘탈이 약한 날과 강한 날의 차이를
확실히 느낀 적이 많다.
컨디션이 좋을 때는 어떤 상황에서도 자신감 있게 스윙을 한다.
하지만 컨디션이 나쁜 날,
평소보다 더 긴장되는 순간이 오면
실수가 반복됐다.
그 차이는 단순히 심리적인 요인이 아니라,
연습량이 충분한가 아닌가에서 결정됐다.

퍼팅이 흔들릴 때마다 연습을 통해
'이 정도 거리감이면 충분하다'는 확신이 쌓이면,
실전에서도 자신 있게 퍼팅할 수 있다.

샷이 잘 맞지 않을 때도, 연습을 통해
'이 스윙이 안정적이다'라는 감각이 몸에 배어 있다면,
스스로를 믿고 다시 시도할 수 있다.

결국 연습은 기술을 쌓는 것이 아니라,
긴장되는 순간에도 나 자신을 믿을 수 있는
근거를 만들어주는 과정이다.

강한 멘탈은 하루아침에 만들어지지 않는다.
하지만 꾸준히 연습하고, 과정에 집중하다 보면,
결정적인 순간에도 흔들리지 않는 자신을 발견하게 될 것이다.

목표를 이루는 사람들의
공통적인 습관

목표를 이루는 사람들은
특별한 능력을 가진 게 아니다.
그저 남들과는 다른 방식으로 하루를 쌓아갈 뿐이다.

내가 본 그들은 3가지 공통점을 가지고 있다.

우선 그들은 **목표를 '행동'으로** 바꾼다.

"싱글 플레이어가 되고 싶다."
"드라이버 비거리를 늘리고 싶다."
이런 목표를 세운다고 해서,
실력이 갑자기 늘지는 않는다.
성장하는 사람들은 이런 목표를 '행동'으로 변환한다.

"매일 100번 퍼팅 연습을 한다."
"스윙 템포를 점검하는 루틴을 만든다."
이처럼 목표를 구체적인 실천으로 바꿀 때,
그것은 단순한 바람이 아니라 현실이 된다.

둘, 완벽한 환경을 기다리지 않는다.

많은 사람들이 완벽한 환경이 주어질 때까지 기다린다.
날씨가 좋지 않으면 연습을 미루고,
기분이 좋지 않으면 컨디션이 회복될 때까지 기다린다.
하지만 목표를 이루는 사람들은
환경이 완벽하길 바라지 않는다.

오히려 어떤 상황에서도 할 수 있는 것부터 한다.
실내에서도 연습할 수 있는 부분을 찾고,
몸이 무거운 날에도 가볍게라도 루틴을 지킨다.

"상황이 나아지면 시작해야지."
이런 생각을 버리는 순간, 성장의 속도는 달라진다.

셋, 실패를 배움으로 바꾼다.

목표를 이루는 과정에서 실패는 피할 수 없다.
하지만 실패에 대한 반응이 사람마다 다르다.
어떤 사람은 실패할 때마다 좌절하고,

자신에게 실망한다.
반면, 꾸준히 성장하는 사람들은
실패를 데이터로 활용한다.

샷이 빗나갔을 때, 단순히 "망했다"라고 생각하는 것이 아니라,
"왜 이런 결과가 나왔을까?" 라고 질문한다.
그리고 다음 샷에서는 작은 조정을 시도해본다.

이러한 태도가 반복될 때, 실력은 단단해지고
목표는 현실이 될 수밖에 없다.

성장하는 사람들은
무엇을 포기하는가

많은 사람들이 성장하는 사람들을 보며
이렇게 말한다.
"저 사람은 참 꾸준해."
"포기하지 않고 끝까지 가는군."

하지만 우리가 보지 못하는 것이 있다.

그들은 단순히 계속 나아간 것만이 아니라,
버릴 것도 버렸다는 사실이다.

나는 스윙을 바꿀 때마다 느낀다.
익숙한 자세를 유지하는 게 편하지만,
변화하지 않으면 더 이상 발전이 없다는 것을.

잘못된 습관을 계속 유지하는 것은,
구멍 난 배를 타고 먼 바다로 나가는 것과 같다.
결국 어느 순간, 그 배는 가라앉게 된다.

성장하는 사람들은
자신의 익숙한 습관을 과감히 버릴 줄 안다.
그들은 더 좋은 방향을 위해
기존의 방식을 수정하는 것을 두려워하지 않는다.

불필요한 자존심을 버리는 선택

골프에서는 한 가지 중요한 원칙이 있다.
"내가 틀릴 수도 있다"는 전제를 항상 가져야 한다.

스윙이 잘 맞지 않을 때, 많은 사람들은 장비 탓을 하거나
코스 상태를 원망한다.
하지만 진짜 실력이 있는 사람들은 다르게 반응한다.
"내가 뭔가 잘못하고 있는 건 아닐까?"
이 질문을 던질 수 있는 사람이 결국 성장한다.

나는 한 번도 내 스윙이 완벽하다고 생각한 적이 없다.
필드에 나갈 때마다
"오늘 내 스윙은 괜찮은가?"를 먼저 점검한다.

한때, 나는 특정 샷에서 실수를 반복하면서도,
"이건 내 방식이야"라고 생각하며 고치지 않았던 적이 있다.

그러던 중, 중요한 대회에서 같은 실수를 세 번이나 반복했고,
결정적인 순간, 정확한 샷을 날려야 하는 상황에서
또다시 똑같은 미스가 나왔다.

그때 비로소 깨달았다.
이건 단순한 실수가 아니라,
내가 고수한 방식 자체에 문제가 있다는 것을.
그 경기 후 나는 코치와 함께 기존 습관을 하나씩 분석하며,
필요한 부분을 수정해 나갔다.

그 과정을 견디고 나니, 내 샷이 점점 더 정교해졌고,
다음 대회에서는 흔들리지 않는 플레이로
좋은 성적을 유지할 수 있었다.

성장하는 사람들은 자존심을 내려놓고,
더 나은 방향을 선택할 줄 안다.
늘 내 마음 속에 품고 있는 3가지 메모를 꺼내본다.

1. "내가 틀릴 수도 있다"는 열린 마음을 가질 것
2. 실수를 반복한다면, 내 방식을 의심해볼 것
3. 자존심이 아닌, 실력을 선택할 것

오래도록 최고로 남는 것

골프를 하다 보면 기술적으로 뛰어난 선수들은 많다.
하지만 최정상에 오르는 선수들은
단순히 실력만으로 그 자리에 오르지 않는다.
많은 선수들을 보며 깨달은 것들이 있다.

첫째, 프로 선수들은 똑같은 샷을 수천 번 연습한다.
단순히 반복 하는 것이 아니라, **"어떻게 반복할 것인가"**를 고민한다.

내가 한때 같이 훈련했던 한 유명한 선수는 연습할 때마다
같은 샷을 반복하면서도,
항상 "조금 더 나아질 방법이 있을까?" 를 고민했다.

예를 들면,
퍼팅 연습을 할 때, 단순히 감각에 의존하는 것이 아니라

거리를 정확히 측정하며 연습했다.
드라이버 샷을 연습할 때도 "오늘 내 컨디션에서
가장 안정적인 템포가 뭘까?"를 확인하며 조절했다.
결국, 그는 작은 차이를 만들어내는 사람이었고,
그 차이가 누적되며 큰 결과를 만들어냈다.

둘째, 실수를 대하는 태도가 다르다.
어떤 선수는 실수할 때마다 고개를 푹 숙이고 자책한다.
반면, 최고의 선수들은 실수 후에도
빠르게 자신을 회복 시킨다.

나는 중요한 대회에서 초반 몇 홀을 망친 적이 있었다.
한때라면 그 실수에 집착하며 남은 경기를 망쳤을 것이다.
하지만 그날은 이렇게 생각했다.

"이제부터 다시 시작하면 된다."
그 순간, 내 플레이는 다시 살아났다.
결국, 남은 홀에서 집중력을 되찾으며
상위권으로 경기를 마칠 수 있었다.

실수는 누구나 한다. 중요한 건
"그 실수를 어떻게 받아들이느냐"다.
실수를 인정하고 바로 다음 샷에 집중하는 것이
최고의 선수를 만든다.

마지막으로,
최고의 선수들은 결코 한 번의 승리를 목표로 하지 않는다.
그들은 **'오래도록 최고로 남는 것'**을 목표로 한다.

그 차이를 만드는 건 단순한 실력이 아니라,
스스로를 끊임없이 점검하는 태도 다.
최고의 선수는 한 번의 성공에 만족하지 않고,
다음을 준비한다.
자신이 만든 기준에 안주하지 않고, 계속해서 성장한다.
작은 변화라도 놓치지 않고, 스스로를 조율하며 나아간다.

결국, 진짜 강한 사람들은 한 번 이기는 것이 아니라,
'언제까지나 강한 상태로 남는 것'에 집중하는 사람들이다.

변화 속에서도
중심을 지키는 사람들

골프를 하면서 내 스윙은 여러 번 바뀌었다.
연습 방법도, 경기 운영 방식도 바뀌었다.
하지만 바뀌지 않은 3가지가 있다.

첫째, 나만의 루틴을 지키는 것
둘째, 어떤 상황에서도 기본기를 놓지 않는 것
셋째, 결과보다 과정에 집중하는 태도
이것이 내가 끝까지 가져가는 것들이다.

한 번은 성적이 부진했던 시기,
나는 고민 끝에 훈련 방식을 바꿨다.
하지만 변화가 오기까지 시간이 필요했다.
그때 내 마음을 붙잡아 준 것은
"나는 항상 기본으로 돌아간다"는 원칙이었다.

모든 게 흔들릴 때, 결국 나를 지켜주는 것은
처음부터 지켜온 원칙이다.
경기에서 위기가 올 때마다, 나는 항상 '기본'으로 돌아갔다.

그 기본은 바로,
"결과는 예측할 수 없지만, 내가 할 수 있는 것은,
오직 끝까지 가는 것이다"라는 믿음이었다.
이 믿음이 50대가 넘은 내가 여전히
활발히 골프 선수로서의 활동을 할 수 있게 붙잡아 줬다.

당신의 기본은 무엇인가.
흔들리는 순간에도 나만의 기본을 가지고 있는 사람,
그들이 끝까지 성장할 수 있는 사람이다.

진짜 실력은
보이지 않는 곳에서 만들어진다

골프를 하다 보면, 사람들은 늘 눈에 보이는 성과에 주목한다.
좋은 스코어, 멋진 샷, 큰 대회에서의 우승.
하지만 그 결과를 만든 건 보이지 않는 곳에서의 노력이다.

나는 프로 생활을 하면서 많은 훌륭한 선수들을 만났다.
그들은 경기장에서 스포트라이트를 받지만,
그 뒤에는 아무도 보지 않는 연습장에서
수없이 공을 치고 있었다.

성공하는 사람들에게는 공통점이 있다.
그들은 보이지 않는 곳에서 더 많은 시간을 보낸다.

대회 전날, 연습장을 찾아 퍼팅을 수백 번씩 반복하는 선수
아무도 없는 필드에서
오랜 시간 자신만의 루틴을 점검하는 사람

스코어보다,
자신의 스윙 하나하나를 분석하며 개선하는 선수

나는 후배들에게 늘 말한다.
"진짜 실력은 보이지 않는 곳에서 만들어진다."
경기에서 승리하는 순간보다,
아무도 보지 않는 시간들이 더 중요하다.

결국, 무대 위에서 빛나는 사람들은 무대 밖에서
더 많은 시간을 보낸 사람들이다.
진짜 실력은, 그런 보이지 않는 곳에서 완성된다.

7장

끝까지 가는
사람들의 힘

흔들리는 날도,
연습장엔 간다.

기분이 가라앉는 날에도
몸이 연습장을 향한다면
그 사람은 이미 진짜다.
실력은 그런 날에 만들어진다.

끝까지 가는 사람들의 목표

많은 사람들이 목표를 세운다.
하지만 그 목표를 끝까지 이루는 사람은 많지 않다.

처음에는 모두가 같은 출발선에 선다.
비슷한 열정으로 시작하고, 같은 꿈을 꾸며 나아간다.
하지만 시간이 지날수록 차이가 생긴다.
어떤 사람은 끝까지 가고, 어떤 사람은 중간에 멈춘다.

그 차이는 어디에서 오는 걸까?

나는 골프를 하면서 끝까지 가는 사람들에게서
한 가지 공통점을 발견했다.
그들은 결과보다 과정에 집중한다.

많은 사람들은 **빠른** 성과를 원한다.
하지만 끝까지 가는 사람들은 속도를 신경 쓰지 않는다.
하루하루 꾸준히 나아가는 것, 그 자체를 목표로 삼는다.

나는 정규 투어에서 성적이 좋지 않았던 시절이 있었다.
주변에서는 "이제 그만해야 하는 것 아니냐"는 말도 들었다.
하지만 나는 흔들리지 않았다.
기록이 아닌, 내 플레이를 점검하고 개선하는 데 집중했다.
그리고 몇 년 후, 나는 챔피언스 투어에서
3년 연속 상금왕이 되었다.
그 과정에서 깨달았다.

끝까지 가는 사람들은, 단순히 목표를 이루는 것에
그치는 것이 아니라, **끝까지 가는 것 자체를 목표로** 한다.
그것이 결국 가장 큰 차이를 만든다.

오래 가려면,
속도를 조절해야 한다

골프를 오래 하면서 깨달은 것이 있다.
끝까지 가는 사람들은, 끝까지 가는 법을 알고 있다.

많은 사람들이 처음에는 빠르게 달려간다.
하루라도 빨리 실력을 늘리고 싶고, 더 좋은 성적을 내고 싶다.
하지만 너무 빨리 달리다 보면, 결국 지쳐서 멈춰버리게 된다.

나는 정규 투어 시절,
더 빠르게 성장하고 싶어서 무리하게 연습했던 적이 있다.
아침부터 밤까지 쉬지 않고 스윙 연습을 했고,
매일 퍼팅 연습을 반복했다.

하지만 어느 순간, 몸이 말을 듣지 않았다.
근육에 무리가 갔고, 경기 중 집중력도 떨어졌다.

그때 깨달았다.
오래 가려면, 속도를 조절해야 한다.

꾸준히 가는 사람들은 절대 서두르지 않는다.
때로는 속도를 늦추고, 자신을 돌아볼 줄 안다.
스스로를 몰아붙이는 대신,
'내가 지금 **적절한 리듬으로 가고 있는가?**'를 점검한다.

스윙의 리듬이 빠르면 공이 정확하게 맞지 않는다.
오히려 부드럽게,
일정한 템포를 유지할 때 더 좋은 샷이 나온다.

인생도 다르지 않다.
너무 서두르면, 결국 탈이 난다.

오래 가는 사람들은
멈추지 않는다

많은 사람들이 목표를 달성하면 하던 연습을 멈춘다.
원하는 스윙을 만들고, 만족할 만한 성적을 내고 나면
'이제 됐다'고 생각한다.

하지만 진짜 실력자는, 목표를 달성한 후에도 계속 나아간다.

나는 챔피언스 투어에서 좋은 성적을 거둔 후에도,
매일 연습장에 나갔다.
누군가는 물었다.

"이제 좀 쉬어도 되지 않아요?"

하지만 나는 알고 있었다.
멈추는 순간, 그 자리에서 주저앉게 될 수밖에 없다.

한때 나보다 앞서 나가던 선수들도,
어느 순간 보이지 않게 된 이유는 단 하나였다.
더 이상 연습하지 않았기 때문이다.

정상에 오르는 것보다 더 어려운 것은,
정상에서 오래 머무르는 것이다.
그 자리에 머물고 싶다면, 끊임없이 나를 단련해야 한다.

진짜 강한 사람들은, 멈추지 않는다.
그들은 끝까지 간다.

끝까지 가는 사람들의 공통점

어떤 사람이든 처음에는 의욕이 넘친다.
새로운 목표를 세우고, 더 높은 곳을 바라보며 출발한다.
하지만 시간이 지나면 많은 사람들이 중간에서 멈춘다.

비슷한 실력으로 시작했던 선수들이 시간이 흐르면서
다른 길을 걷는 것을 여러 번 목격했다.
누군가는 끝까지 올라가고, 누군가는 도중에 멈춘다.

그 차이는 무엇일까?
나는 끝까지 가는 사람들에게는 몇
 가지 확실한 공통점이 있다는 것을 발견했다.

첫째, **작은 루틴**을 지킨다.
성공하는 선수들은 매일 같은 연습을 반복한다.
스윙을 점검하는 루틴, 퍼팅 감각을 익히는 시간,

몸을 푸는 과정까지.
이 작은 습관들이 쌓여, 경기에서 흔들리지 않는 힘이 된다.

둘째, **과정에 집중**한다.
끝까지 가는 사람들은 '결과'에만 집착하지 않는다.
우승을 목표로 하되, 경기 하나하나를 소중하게 대한다.
매 샷에 집중하고, 연습을 소홀히 하지 않는다.

셋째, **자신에 대한 믿음**을 유지한다.
끝까지 가려면, 자신을 믿는 힘이 필요하다.
성적이 나쁘다고 해서 쉽게 흔들리지 않고,
남과 비교하지 않으며, 묵묵히 자신의 길을 걸어간다.

끝까지 가는 사람들은 특별한 능력이 있는 것이 아니다.
다만, 해야 할 것을 끝까지 해내는 사람들일 뿐이다.

마지막까지
포기하지 않는 힘

경기가 막바지에 접어들면,
승부를 가르는 것은 더 이상 기술이 아니다.
그때 중요한 것은, 마지막까지 버틸 수 있는 힘이다.

나는 한 경기에서 17번 홀까지 1타 차로 앞서고 있었다.
승리가 눈앞에 있는 것처럼 보였다.
하지만 방심한 순간, 티샷이 러프로 빠졌고,
어이없는 실수로 보기를 기록했다.

그리고 마지막 18번 홀.
그때 내 머릿속엔 한 가지 생각뿐이었다.
"이제 끝났다."

하지만 나는 다시 한 번 심호흡을 했다.

"아직 한 샷이 남아 있다."

다시 집중했다.
그리고 마지막 퍼팅을 성공시키며
극적으로 승리를 거둘 수 있었다.

끝까지 가는 힘이란, 단순한 근성의 문제가 아니다.
그것은 **마지막 한 순간까지 포기하지 않는 선택**이다.

버티는 사람에게
기회가 온다

골프를 하면서 가장 많이 들은 말 중 하나가 있다.
"기회는 준비된 사람에게 온다."

하지만 나는 이렇게 생각한다.
"기회는, 끝까지 버틴 사람에게 온다."

프로 생활을 하다 보면, 예상치 못한 순간이 찾아온다.
경기 초반에 실수를 하고도 끝까지 집중력을 유지한 선수는,
마지막 몇 홀에서 역전의 기회를 잡는다.

반대로, 초반에 실수한 후 스스로 포기해버린 선수는,
기회가 와도 그것을 알아차리지 못한다.

나는 한때 성적이 오르지 않아
포기할까 고민했던 적이 있다.

하지만 끝까지 버티면서 준비했고,
결국 챔피언스 투어에서 기회를 잡을 수 있었다.

기회란, 언제 올지 모른다.
하지만 한 가지 확실한 것은,
끝까지 가는 사람만이 그것을 맞이할 수 있다는 것이다.

인생도 마찬가지다.
눈앞에 기회가 보이지 않는다고 해서 멈춘다면,
그 기회는 영원히 오지 않는다.

"버티는 사람이 결국 기회를 잡는다."
이 단순한 진리를, 나는 골프를 통해 배웠다.

끝까지 가는 사람은
무엇을 놓치지 않는가

골프를 하다 보면, 많은 사람들이 목표를 향해 달려가다가
어느 순간 지쳐버린다.
"이제 조금만 쉬어도 되지 않을까?"
"이 정도면 충분하지 않나?"

끝까지 가는 사람들은 단순히 버티는 것이 아니다.
그들은 가장 중요한 순간,
놓치지 말아야 할 것이 무엇인지 정확히 알고 있다.

첫째, **기본**을 잃지 않는다.
경력이 쌓이고 실력이 늘어나면,
누구나 한 번쯤 기본을 소홀히 하게 된다.
"이 정도는 이제 안 해도 괜찮겠지."
하지만 오랫동안 정상에 있는 사람들은
기본을 절대 가볍게 여기지 않는다.

나는 챔피언스 투어에서 좋은 성적을 거둔 다음 날에도
연습장에 나가 기본기를 다졌다.

둘째, 스스로를 돌아보는 시간을 갖는다
끝까지 가는 사람들은 단순히 계속 나아가는 것이 아니라,
주기적으로 자신을 돌아보고 점검한다.
지금 내가 가는 방향이 맞는지,
내가 혹시 잘못된 습관에 빠져 있지는 않은지.
이 질문을 계속 던지는 것이, 오래 가는 힘이 된다.

셋째, 자신만의 루틴을 지킨다
어떤 날은 컨디션이 좋지 않고,
어떤 날은 경기가 뜻대로 풀리지 않는다.
하지만 이런 상황에서도 끝까지 가는 사람들은
자신의 루틴을 유지한다.
나는 경기가 있을 때마다 항상 같은 루틴으로 준비했다.
연습장의 첫 샷, 퍼팅 연습, 스트레칭까지.
이 작은 습관이 쌓여,
중요한 순간에도 흔들리지 않도록 해주었다.

끝까지 가는 사람들은 무조건 앞만 보고 달리지 않는다.
결정적인 순간에 가장 중요한 것을 놓치지 않는다.
그것이 결국, 끝까지 가는 힘이 된다.

그린 위에선,
내 마음이 그대로 보인다.

평소엔 잘 숨기던 성격도,
조용히 드러나는 순간이 있다.
골프는 결국
'마음으로 치는 운동'이다.

에필로그

언젠가
마지막 티샷을 하기 전까지

에필로그
언젠가 마지막 티샷을 하기 전까지

처음 골프채를 잡았던 날이 아직도 생생하다.
공이 어디로 날아갈지 전혀 알 수 없었고,
스윙은 엉성하기만 했다.
그때는 몰랐다.
이 작은 공이 내 인생을 어디로 데려갈지,
그리고 내가 이 길을 얼마나 오래 걷게 될지.

어느덧 30년이 넘는 시간이 흘렀다.
수많은 대회에 출전했고, 승리의 기쁨도,
아쉬운 패배도 경험했다.
레슨장에서 하루 25명을 가르치며
생계를 이어가던 날들도 있었다.

때로는 지치고, 흔들리고,
내 길이 맞는지 의심했던 순간들도 있었다.
하지만 그 모든 과정을 지나오고 나니,
한 가지는 분명해졌다.

나는 멈추지 않았다는 것.

골프는 곧 인생이었다

어릴 때는 그저 공을 멀리 보내고 싶었다.
비거리에 집착했고, 기술을 완벽하게 익히는 것이 목표였다.
하지만 시간이 지나면서 알게 되었다.
골프는 단순한 운동이 아니라, 인생 그 자체라는 것을.

경기는 늘 변수를 안고 시작된다.
완벽한 티샷을 날려도,
예상치 못한 바람이 방향을 바꿔놓고,
마지막 퍼팅을 앞두고도,
작은 떨림 하나가 승부를 갈라놓는다.
그리고 그 순간 중요한 것은 기술이 아니라,
그 모든 변수를 받아들이는 태도였다.

나는 많은 후배들에게 이야기한다.
골프는 자기 자신과의 싸움이라고.
남보다 앞서가는 것보다 중요한 건,

어제의 나보다 한 걸음 더 나아가는 것이다.
그 한 걸음을 계속 내디디는 사람이 결국 끝까지 간다.

나는 여전히 그린 위를 걷는다

한때는 '언제까지 골프를 칠 수 있을까?'라는
생각을 한 적이 있었다.
하지만 이제는 다르게 생각한다.

'언젠가 마지막 티샷을 하기 전까지, 나는 계속 나아갈 것이다.'

나에게 골프는 직업이었고, 일상이었고, 삶이었다.
그렇기에 멈출 이유가 없다.
지금도 나는 연습장으로 향한다.
어제보다 조금 더 나은 샷을 치기 위해.
그리고 나이가 들어도, 내 몸이 허락하는 한,
나는 그린 위를 계속 걸어갈 것이다.

마지막 홀까지,
마지막 퍼팅까지,
마지막 티샷을 하기 전까지.

그렇게, 나는 오늘도 골프를 배운다.

30년 골프가 가르쳐준 꾸준함의 힘
나는 아직 연습 중입니다

1판 1쇄 발행 2025년 5월 1일

지은이 **김선미**
펴낸이 **이승용**
디자인 **김은진**
마케팅 **에코브랜드**
펴낸곳 echo.b
이메일 changegg9@gmail.com

ⓒ 김선미, 2025

ISBN : 979-11-989372-7-8(03190)

·이 책은 저작권법에 의해 보호를 받는 저작물이기에 무단 전재와 복제를 금합니다.
·이 책 내용의 전부 또는 일부를 이용하려면 반드시 저작권자와 에코브랜드의 서면 동의를 받아야 합니다.
·오탈자 및 잘못 표기된 부분은 위 이메일 주소로 보내주시면 감사하겠습니다.
·책값은 뒤표지에 있습니다.